SCHRIFTROLLEN, GERICHTSSÄLE UND DIE SIEBEN GEISTER GOTTES

Geschrieben von Lindi Masters

Illustriert von Lizzie Masters

Geschrieben von
Lindi Masters©

Illustriert von
Lizzie Masters©

"SCHRIFTROLLEN, GERICHTSSÄLE UND DIE SIEBEN GEISTER GOTTES"
Copyright© 2025

Text Lindi Masters
Illustrationent Lizzie Masters
Übersetzt von Susanne Scott und Anne Reising

Titel der Originalausgabe: "SCROLLS, COURTS AND THE SEVEN SPIRITS OF GOD"

Ein großer Dank geht an IGNITE KIDZHUB© und an alle teilnehmenden Kinder für ihre künstlerischen Beiträge zu diesem Buch.
Ein besonderer Dank geht an unsere Mentoren und Freunde Ian Clayton und Grant Mahoney, ohne die wir diese himmlischen Bereiche niemals erkundet hätten.

Alle Rechte vorbehalten. Kein Teil dieser Veröffentlichung darf ohne vorherige Genehmigung des Urheberrecht-Inhabers in irgendeiner Form vervielfältigt werden; weder fotokopiert noch mit elektronischen oder mechanischen Mitteln, einschließlich Informationsspeicher- und Abfragesystemen gespeichert, aufgezeichnet oder übertragen werden. Kein Teil dieses Buches, einschließlich der Illustrationen, darf ohne die schriftliche Genehmigung des Herausgebers in irgendeiner Weise verwendet oder reproduziert werden.

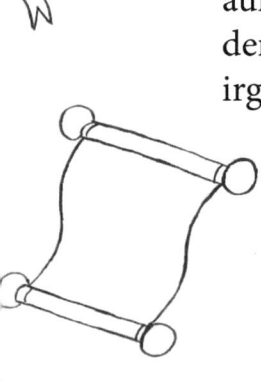

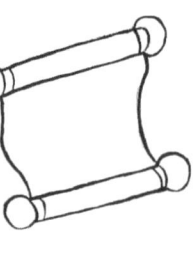

DIE SIEBEN GEISTER GOTTES

Die sieben Geister Gottes sind nicht der Heilige Geist.
Sie stehen vor dem Thron Gottes.
Wir nennen sie Lehrer und Gouverneure.

Offenbarung 1: 4.

Im Himmel gibt es Klassenräume, in denen sie uns häufig unterrichten. Wir nennen sie Lehrer und Gouverneure.

Sie bringen uns bei, wie man Dinge tun, anstatt sie einfach für uns zu machen.

Wann immer wir möchten, können wir von den Sieben Geistern Gottes gelehrt werden.
Jesaja 11:1-2

Er lehrt uns über die Herrlichkeit Gottes, seine Regierung und über alles was mit den Dimensionen der Himmelreiche zu tun hat.

Sie lehrt uns über den Heiligen Geist und seine Rolle in unserem Leben. Außerdem bringt sie uns bei, wie man in den himmlischen Gerichtssälen wirkt.

Er lehrt uns über die Macht und Herrschaft Gottes. Er lehrt uns über himmlische Strategien und Kriegsführung. Diese finden wir in den sogenannten Kriegssälen.

GEIST DER ERKENNTNIS

Er lehrt uns, wie wir das Wissen Gottes auf der Erde freisetzen und wie wir es in der Welt um uns herum einsetzen können.

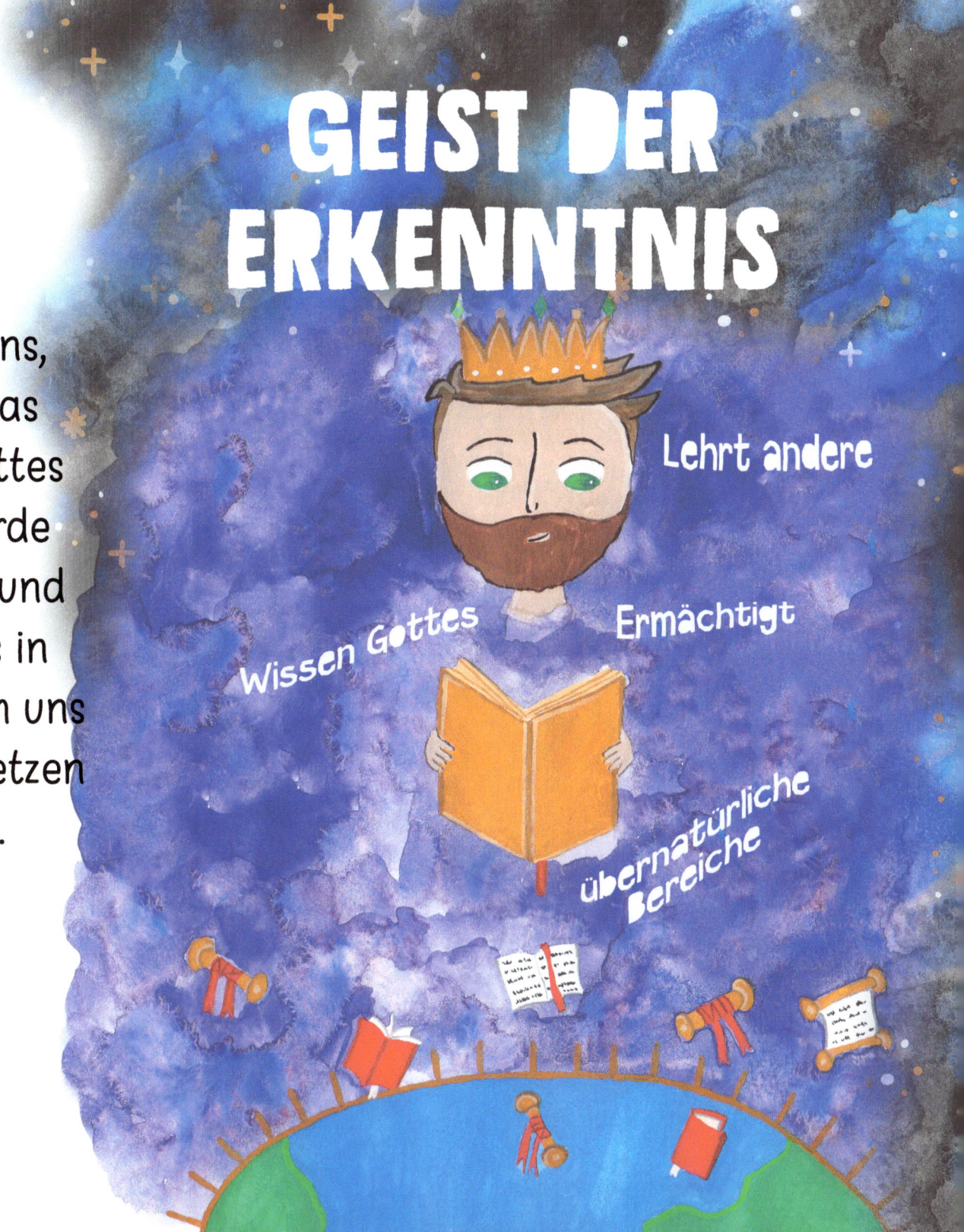

Lehrt andere

Wissen Gottes

Ermächtigt

übernatürliche Bereiche

Er lehrt uns über die Wunder Gottes. Er hilft uns dabei reife Söhne zu werden und wir brauchen keine Angst zu haben.

GERICHTSÄLE

Es gibt 10 Gerichtssäle, aber wir möchten jetzt nur von dem Mobilen Gerichtssaal erzählen.

Im Glauben gehen wir zu dem Mobilen Gerichtssaal. Stelle dir vor, wie du selbst im Gerichtssaal stehst.

In den Gerichtssälen Gottes haben wir die Sieben Geister Gottes, die als Zeugen für uns aussagen. Der Ankläger steht zu unserer rechten Seite und beschuldigt uns.

Wir können Gott um Vergebung bitten, und dass er unsere Herzen richtet. Wir wissen, dass Er uns immer vergibt.

Dann können wir Gott bitten, den Ankläger Satan zu richten und ihn aus dem Gericht zu werfen.

Wir erhalten unsere Papiere und Schriftrollen der Vergebung von diesen Anschuldigungen. Diese legen wir dann in unser Herz oder essen sie.

Sacharja 3:1-7

Ist es nicht einfach toll, dass wir als Kinder Gottes in den Mobilen Gerichtssaal des Himmels gehen können und so der Ankläger verurteilt wird?

Es gibt einen Schriftrollenraum in den himmlischen Gerichtssälen.

Die Schriftrollen in diesem Raum erzählen uns von all dem, was Jahwe erschaffen hat, und von unserem Leben.

Wir können in den Schriftrollenraum gehen und die Engel um unsere Lebensrollen bitten, die im Berg Jahwes geschrieben wurden. Jeder hat eine eigene Schriftrolle, der er zugestimmt hat.

Wir essen die Schriftrolle und legen sie in unsere Herzen. So wird ihr Klang und ihre Frequenz freigesetzt.

Danke Jahwe für die Schriftrolle meines Lebens.

Psalm 139:16

The spirit of the lord: red
The spirit of wisdom: orange
The spirit of understanding: green
The spirit of Council: yellow
The spirit of knowledge: indigo
The spirit of might: blue
spirit of the fear of the lord: violet

MOBILE COURT

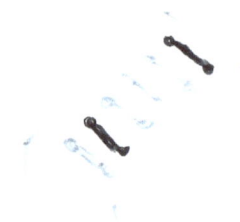

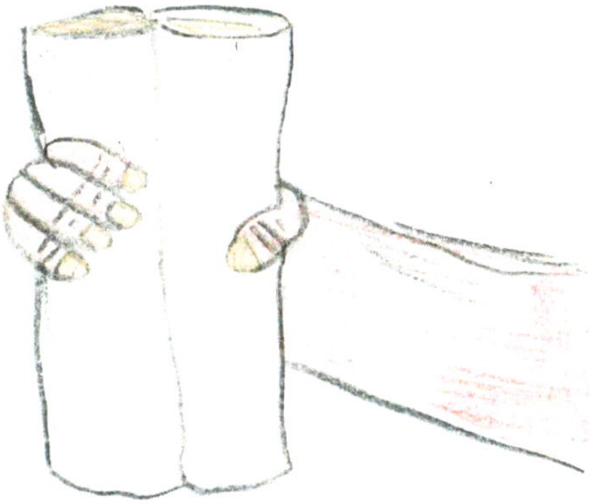

Reuben

Reuel's Scroll (Age 5yrs)

Das ist das zweite Buch einer Kindersachbuchreihe, das Kinder ermutigen wird, die Königreiche Jahwes zu erkunden und zu entdecken.

Gemeinsam schauen wir uns die Sieben Geister Gottes, die Gerichtssäle Gottes und die Schriftrollen genauer an.

www.ingramcontent.com/pod-product-compliance
Lightning Source LLC
Chambersburg PA
CBHW050759110526
44588CB00002B/53